Strafbemessung

im Vorentwurf zu einem Deutschen Strafgesetzbuch.

Von

Dr. Franz von Liszt,
Geheimer Justizrat, Professor an der Universität Berlin.

Sonderabdruck aus: Die Reform des Reichsstrafgesetzbuchs
herausgegeben von **Dr. P. F. Aschrott** u. **Dr. Franz v. Liszt.**

Berlin 1910.
J. Guttentag, Verlagsbuchhandlung,
G. m. b. H.

Strafbemessung.

I.

Begrenzung der Aufgabe.

In meinem dem 20. Deutschen Juristentag erstatteten Gutachten über die Frage „Nach welchen Grundsätzen ist die Revision des Strafgesetzbuches in Aussicht zu nehmen“ hatte ich als den obersten Grundgedanken, von dem die gesamte Reform unserer Strafgesetzgebung auszugehen hat, den Satz hingestellt (Aufsätze und Vorträge *II. 377*):

> „Es ist bei der Bestimmung der Strafe nach Art und Maß, in Gesetz und Urteil, mehr Gewicht zu legen auf die innere Gesinnung des Täters als auf den äußeren Erfolg der Tat.“

Weit über die Erwartungen hinaus, die im Jahre 1902 wohl die meisten von uns zu hegen wagten, hat gerade der *DVE.* dieser grundlegenden Forderung Rechnung getragen. Er hat es vor allem getan, indem er, wie die beiden anderen Entwürfe, das System der Strafen durch ein Doppelsystem von „sichernden Maßnahmen“ ergänzte, durch die einerseits die Liederlichen und Arbeitsscheuen, die Trunksüchtigen und die kriminell gewordenen Jugendlichen an ein gesetzmäßiges, arbeitsames und geordnetes Leben gewöhnt und so den Erfordernissen der gesellschaftlichen Ordnung wieder angepaßt, durch die andererseits die gemeingefährlichen Elemente, die Geisteskranken und vermindert Zurechnungsfähigen wie die unverbesserlichen geistesgesunden Verbrecher aus der Gesellschaft ausgeschieden und damit unschädlich gemacht werden sollen; indem er also, trotz der ablehnenden Erklärung der Begr. (S. 338), der grundlegenden Unterscheidung der Verbrecher in drei, durch die Intensität ihrer antisozialen Gesinnung voneinander geschiedene Gruppen Aufnahme in die Gesetzgebung gewährte. Er hat es aber auch durch eine ganze Reihe von weiteren Bestimmungen getan: durch die Beseitigung der Erfolgshaftung, durch die Einführung der bedingten Verurteilung, durch die Aufstellung eines Sonderstrafrechts gegenüber den Jugendlichen, aus dem der Vergeltungsgedanke fast vollständig ausgeschaltet wurde, durch die Anerkennung der verminderten Zurechnungsfähigkeit usw. Er hat es endlich getan, indem er bei der Bestimmung der Strafe im Einzelfalle dem richterlichen Ermessen den freiesten Spielraum bis herab zum völligen Erlaß der Strafe gewährte.

Etwas Vollkommenes freilich haben die Verfasser des Entwurfs nicht geschaffen; sie haben es bei dem vermittelnden Standpunkt, den der Entwurf in den grundlegenden Fragen über den Zweck der Strafe und der sie ergänzenden Maßnahmen eingenommen hat und nach Lage der Verhältnisse einnehmen mußte, auch nicht schaffen können. Aber die Bahn ist frei für eine selbstschöpferische Tätigkeit des Strafrichters, der künftighin nicht nur in der Strafe das Äquivalent für die Schuld des Verbrechers mechanisch zu berechnen, sondern zugleich als Fürsorger für den Verbrecher wie als Hüter der Gesellschaftsordnung das Zweckdienliche anzuordnen haben wird.

In Gesetz, Richterspruch, Vollzug erfüllt sich die Aufgabe der Strafe. Diese drei Stufen ihrer Entwicklung lassen sich voneinander nicht trennen. Wer die Strafbemessung erschöpfend behandeln will, müßte mit dem Strafensystem beginnen und bei der Strafvollstreckung enden. Die Aufgabe, die ich an dieser Stelle zu lösen habe, ist ungleich beschränkter: Ich habe lediglich die in den §§ 81—89 des Entwurfs enthaltenen Bestimmungen zu prüfen und muß es mir versagen, auf die mit ihnen zusammenhängenden Vorschriften der übrigen Abschnitte einzugehen.

II.

Das System der Strafrahmen.

1. Die ordentlichen Strafrahmen.

Von jedem wissenschaftlichen Standpunkt aus wird es gebilligt werden, daß der Entwurf an dem bisherigen System der an bestimmte Tatbestände geknüpften Strafrahmen festgehalten hat; d. h., daß er im *Bes. T.* Art und Maß der Strafe nach der Schwere der begangenen Tat, also einmal nach dem Wert des angegriffenen Rechtsgutes, dann nach der Beschaffenheit des Angriffs (Verletzung oder Gefährdung), endlich nach der Art des Verschuldens (Vorsatz oder Fahrlässigkeit) abgestuft, dabei aber dem richterlichen Ermessen bei der Beurteilung des einzelnen Falls einen gewissen, teilweise sehr weit bemessenen Spielraum gelassen hat.

Ob der Entwurf bei der Bildung und Sonderung der Tatbestände, bei der Heraushebung qualifizierter und privilegierter Fälle überall das Richtige getroffen hat, könnte nur durch eine eingehende Prüfung des ganzen *Bes. T.* festgestellt werden. Im großen und ganzen wird man dem Entwurf die Zustimmung nicht versagen können. Er hat sich, meist mit Erfolg, bemüht, jede ängstliche Kasuistik und die damit gegebene Zersplitterung der Tatbestände zu vermeiden; er bringt dem geltenden Recht gegenüber eine ganze Reihe von erfreulichen Zusammenziehungen und Vereinfachungen der Tatbestände, ohne freilich damit den Umfang des Möglichen und Wünschenswerten zu erschöpfen. Aber davon habe ich hier ebensowenig zu sprechen wie darüber, ob die Strafdrohungen überall nach Art und Maß der Strafe richtig abgestuft sind.

Die technisch-legislative Frage, die ich hier zu prüfen habe, geht vielmehr dahin, ob die Grenzen für den Spielraum, der dem richterlichen Ermessen für die Wertung des einzelnen Falles gewährt werden muß, grundsätzlich richtig gezogen sind oder nicht.

Ich bin nicht in der Lage, diese Frage glatt zu bejahen; ich glaube vielmehr, daß die Technik des Entwurfs nach verschiedenen Richtungen hin verbessert werden kann und verbessert werden muß.

Bei einem Vergleich des *DVE.* mit den beiden anderen fällt sofort die große Spannweite der ordentlichen Strafrahmen in die Augen. Diese beruht nicht nur auf dem großen Zwischenraum zwischen der Mindeststrafe und der Höchststrafe, sondern ganz besonders darauf, daß der Entwurf dem Richter nicht nur zwei, sondern sehr häufig sogar drei Strafarten zur Verfügung stellt; Gefängnis, Haft und Geldstrafe finden sich, ohne daß allerdings dabei ein leitender Grundgedanke erkennbar wäre, in einer ganzen Reihe von Paragraphen nebeneinander wahlweise angedroht. Daneben hat der Entwurf für eine große Anzahl von Straftaten, aber lange nicht für alle, „mildernde Umstände“ vorgesehen, also neben den ordentlichen einen zweiten, außerordentlichen, und zwar milderen Strafrahmen gesetzt. Er hat endlich die „besonders leichten“ und die „besonders schweren“ Fälle (§§ 83 und 84) hervorgehoben, bei den ersteren dem Richter allgemein ein sehr weitgehendes außerordentliches Milderungsrecht, unter gewissen Voraussetzungen sogar das Recht des Straferlasses eingeräumt, bei den letzteren, aber nur in den im Gesetz ausdrücklich bezeichneten Fällen, einen außerordentlichen, schwereren Strafrahmen neben den ordentlichen gesetzt.

Neben dem ordentlichen Strafrahmen finden wir also meist einen außerordentlichen milderen, bei einzelnen Delikten auch einen außerordentlichen schwereren Strafrahmen und überdies noch das außerordentliche Milderungsrecht des § 83.

Ich vermisse in diesem System die Klarheit und die Einfachheit.

Nach meiner Meinung soll der Gesetzgeber im *Bes. T.* des Strafgesetzbuches sein allgemeines Unwerturteil über die Tat in erster Linie durch die Wahl der Strafart, in zweiter Linie durch die Begrenzung des Strafmaßes innerhalb der Strafart zum unzweideutigen, allen Volkskreisen verständlichen Ausdruck bringen. Das ist der berechtigte Kern in der Unterscheidung von Verbrechen und Vergehen, die der *DVE.*, allen Bedenken zum Trotz, nun einmal festgehalten hat. An diesem allgemeinen Werturteil wird dadurch nichts geändert, daß die Wertung der einzelnen Tat unter Umständen milder oder härter ausfallen kann.

Sehen wir von der Todesstrafe hier ab, so sind zweifellos die beiden Freiheitsstrafen Zuchthaus und Gefängnis am besten geeignet, die Abstufung des gesellschaftlichen Unwerturteils über die Tat zum Ausdruck zu bringen; die mit Zuchthaus bedrohte Tat erscheint als Verbrechen, die mit Gefängnis bedrohte als Vergehen. Neben der Strafart wird das Strafmaß zu erwägen sein; meist wird, namentlich bei Zuchthaus, die Aufstellung eines Höchstmaßes notwendig, nur ausnahmsweise die eines Mindestmaßes oder auch die Verbindung der beiden Grenzen zu empfehlen sein. Ich kann darauf nicht näher eingehen, möchte aber ausdrücklich bemerken, daß nach meiner Auffassung in dem sehr häufigen Verzicht auf ein Mindestmaß ein großer Vorzug des *DVE.* vor dem *OVE.* erblickt werden muß.

Durch die wahlweise Androhung einer zweiten oder gar einer dritten Strafart kann der klare Ausdruck des gesellschaftlichen Unwerturteiles abgeschwächt, die Auffassung des Volkes nur verwirrt werden; sie ist in der Regel auch überflüssig, wenn durch allgemeine Bestimmungen die Ersetzung des ordentlichen Strafrahmens durch einen milderen oder härteren vorgesehen wird.

Innerhalb des ordentlichen Strafrahmens ist mithin für die wahlweise Androhung von Zuchthaus und Gefängnis kein Raum; nur wenn besondere Umstände die Anwendung eines außerordentlichen Strafrahmens rechtfertigen, kann die eine Strafart durch die andere ersetzt werden. Aber auch die wahlweise Androhung der Haft, sei es neben Zuchthaus, sei es neben Gefängnis, ist, von einzelnen Tatbeständen abgesehen, völlig überflüssig, wenn im *Allg. T.* bestimmt wird, unter welchen Voraussetzungen die Haft ausnahmsweise an die Stelle der beiden anderen Strafarten zu treten hat. Das würde freilich voraussetzen, daß die der Haft zugewiesene Funktion innerhalb des Strafensystems klarer herausgearbeitet werde als das im Vorentwurf wie in seiner Begr. geschehen ist. Ich würde meinerseits die folgende Bestimmung vorschlagen, die an die Stelle des § 85 des Entwurfs zu treten hätte:

„Wenn das Gesetz Zuchthaus oder Gefängnis androht, kann auf Haft erkannt werden, wenn festgestellt wird, daß die Tat nicht aus ehrloser Gesinnung hervorgegangen ist.“

Auf die Einzelheiten dieses Vorschlags kann ich im Hinblick auf den mir zur Verfügung stehenden Raum nicht näher eingehen. Die Haft soll nach meiner Auffassung eine Ersatzstrafe sein, als solche aber überall dort zugelassen werden, wo die Lage des Einzelfalles das rechtfertigt. Die Beschränkung auf gewisse Tatbestände entbehrt der vernünftigen Grundlage; nur unter Berücksichtigung der konkreten Sachlage kann und soll das richterliche Ermessen darüber entscheiden, ob die Voraussetzungen, unter denen die Anwendung der ordentlichen Strafart als unangebracht erscheint, positiv gegeben sind oder nicht.

Die wahlweise Androhung der Geldstrafe innerhalb des ordentlichen Strafrahmens für Verbrechen und Vergehen aber ist auf wenige Ausnahmefälle zu beschränken. Im übrigen hat sie ihre Stelle in dem außerordentlichen milderen Strafrahmen zu finden.

Mit der Durchführung dieses Vorschlages wäre eine wesentliche Vereinfachung des *Bes. T.* gegeben. Zugleich aber würde auch der im Entwurf völlig verwischte Unterschied von Verbrechen und Vergehen, dessen Beseitigung unter den heutigen Verhältnissen wohl nicht erwartet werden kann, scharf und deutlich erkennbar hervortreten.

2. Die mildernden Umstände.

Neben den ordentlichen Strafrahmen muß zunächst, und zwar ganz allgemein, ein außerordentlicher milderer Strafrahmen treten. Der Entwurf hat die „mildernden Umstände“ zwar bei den meisten, aber durchaus nicht bei allen Delikten zugelassen. Ich halte das für einen schweren Fehler. Bei jedem Delikt, ohne Ausnahme, kann es vorkommen, daß auch die Mindeststrafe des ordentlichen Strafrahmens als zu hart erscheint. Diese Behauptung bedarf wohl keines Beweises. Die Begr. (S. 320) fürchtet zwar von der allgemeinen Zulassung mildernder Umstände „die Gefahr einer schlaffen, dem Schutz der Gesellschaft vor dem Verbrechen nicht genügenden Strafrechtspflege". Diese Ansicht der Begr. steht aber in einem auffallenden Widerspruch zu dem System des Entwurfes selbst. Denn dieser hat ja bei allen Delikten ohne jede Ausnahme „besonders leichte Fälle" vorgesehen; und wenn in diesen Fällen das außerordentliche, an keine gesetzlichen Schranken geknüpfte richterliche Milderungsrecht keine Gefahr für die Rechtsordnung mit sich bringt, so wird ein an bestimmte gesetzliche Grenzen gebundenes Milderungsrecht das erst recht nicht tun können. Es handelt sich auch gar nicht, wie die Begr. anzunehmen scheint, darum, dem Strafrichter eine „diskretionäre Gewalt" einzuräumen und etwa auch bei den schwersten Delikten eine geringfügige Geldstrafe zuzulassen. Die Forderung geht vielmehr lediglich dahin, daß bei allen Delikten ohne Ausnahme neben den ordentlichen Strafrahmen ein außerordentlicher, milderer Strafrahmen mit einer nach Art und Maß bestimmten Strafdrohung tritt.

Eine Prüfung des *Bes. T.* ergibt, daß immer noch bei etwa 30 Tatbeständen mildernde Umstände ausgeschlossen sind. Warum das gerade bei diesen und nicht auch bei andern Tatbeständen geschehen ist, vermag ich nicht festzustellen; es ist mir trotz allen Bemühens nicht möglich gewesen, einen einheitlichen legislativen Grundgedanken, der für die Aussonderung maßgebend gewesen wäre, ausfindig zu machen[1].

Ich verlange also die allgemeine Zulassung mildernder Umstände. Damit entsteht die Aufgabe, die Grenzen des richterlichen Milderungsrechts für diese Fälle festzulegen. Das geschieht am einfachsten und sichersten dadurch, daß dem ordentlichen Strafrahmen ein „abgeleiteter" gegenüber gestellt wird. So ist es auch in § 57 des *OVE.* und in Art. 51 des *SchVE.* geschehen.

Ich schlage daher folgende Fassung des § 82 vor:

„Liegen überwiegende Milderungsgründe vor, so kann der Richter

1. bis auf das gesetzliche Mindestmaß der angedrohten Strafart herabgehen;
2. an Stelle der Todesstrafe auf lebenslängliches Zuchthaus oder Zuchthaus nicht unter zehn Jahren,
   an Stelle der Zuchthausstrafe auf Gefängnis nicht unter einem Jahr,
   an Stelle der Gefängnisstrafe oder der Haftstrafe auf Geldstrafe bis zu 5000 M erkennen."

---

[1]) Vgl. die Bedenken von Mittermaier, Zeitschrift für Rechtspflege in Bayern *VI. 170.*

Ich brauche nicht besonders hervorzuheben, daß, wenn man diesem Vorschlag grundsätzlich beistimmt, auch eine sehr viel sorgfältigere Abstufung der abgeleiteten Strafrahmen möglich wäre, wie wir diese ja auch im *SchVE.* finden. Hier kommt es mir nur darauf an, die Durchführbarkeit meines Vorschlages klarzumachen.

3. Erschwerende Umstände.

Dieselben Gründe, die dafür sprechen, dem normalen Strafrahmen einen abgeleiteten milderen Strafrahmen an die Seite zu stellen, lassen aber auch die allgemeine Zulassung eines außerordentlichen härteren Strafrahmens als wünschenswert erscheinen. Er wird überall dort am Platze sein, wo nach Lage des Falles wegen des Vorliegens überwiegend erschwerender Umstände auch die Höchststrafe des ordentlichen Strafrahmens noch zu milde wäre. Der Entwurf hat zwar den Begriff der „besonders schweren Fälle" (§ 84) aufgestellt und damit, soviel ich sehen kann, allgemeinen Beifall gefunden. Aber er kennt diese besonders schweren Fälle nicht allgemein, sondern nur bei bestimmten Tatbeständen des *Bes. T.* Es sind einige dreißig Tatbestände von ganz verschiedener Art; am zahlreichsten sind die Vermögensdelikte vertreten, daneben finden wir aber auch gemeingefährliche oder gegen die Sicherheit des Verkehrs gerichtete Delikte, Fälle des Landesverrats und andere. Einen einheitlichen Grundgedanken, von dem aus die Hervorhebung gerade dieser Fälle erfolgt wäre, suchen wir auch hier vergebens[1]). Auch bei allen übrigen Delikten ohne jede Ausnahme können besonders schwere Fälle vorkommen, denen gegenüber der ordentliche Strafrahmen versagt.

Was die Begr. (S. 325) gegen die allgemeine Zulassung eines außerordentlichen härteren Strafrahmens vorbringt, entbehrt der überzeugenden Kraft. Wenn das Gesetz unter bestimmten Voraussetzungen eine Erweiterung der Strafrahmen nach oben hin gestattet, so steht das mit „dem Sinne des grundlegenden § 2" ebensowenig in Widerspruch, wie die allgemeine Zulassung mildernder Umstände; denn von einer völlig freien, an keine Grenzen gebundenen diskretionären Gewalt des Richters ist dort so wenig die Rede wie hier. Es handelt sich vielmehr, hier wie dort, um die Aufstellung eines besonderen Strafrahmens mit einer nach Art und Maß bestimmten Strafe. Und auch dieser Strafrahmen hat sich als „abgeleiteter" dem ordentlichen Strafrahmen anzuschließen.

Dabei möchte ich nicht einmal so weit gehen wie der Entwurf,

---

[1]) Dazu Mittermaier a. a. O. 171, Wach, DJZ. *XV. 113.*

der bei Diebstahl (§ 260) und verschiedenen anderen Delikten in „besonders schweren Fällen“ an Stelle von Gefängnis eine vieljährige Zuchthausstrafe treten läßt. Eine solche Änderung der Strafart zuungunsten des Angeklagten halte ich vielmehr nur dann für zulässig, wenn bestimmte, im Gesetz ausdrücklich genannte erschwerende Umstände vorliegen; diese sind durch die Aufstellung qualifizierter Tatbestände, nicht aber durch die Erweiterung des Strafrahmens nach oben hin, zu berücksichtigen. Der von mir vorgeschlagene Strafrahmen müßte vielmehr die Strafart beibehalten, aber die Höchstgrenze beseitigen und zugleich die Mindestgrenze erhöhen.

So gelange ich zu folgender Fassung des § 84:

> „Liegen überwiegend erschwerende Umstände vor, so kann die Strafe bis zu dem gesetzlichen Höchstmaß der angedrohten Strafart bestimmt werden.
>
> Zugleich erhöht sich das Mindestmaß der angedrohten Strafe; es tritt an die Stelle von Zuchthaus: Zuchthaus nicht unter zwei Jahren, an Stelle von Zuchthaus nicht unter zwei Jahren: Zuchthaus nicht unter fünf Jahren, an Stelle von Zuchthaus nicht unter fünf Jahren: Zuchthaus nicht unter zehn Jahren, an Stelle von Zuchthaus nicht unter zehn Jahren: lebenslanges Zuchthaus; an Stelle von Gefängnis: Gefängnis nicht unter sechs Monaten, an Stelle von Gefängnis nicht unter sechs Monaten: Gefängnis nicht unter einem Jahr, an Stelle von Gefängnis nicht unter einem Jahr: Gefängnis nicht unter zwei Jahren, an Stelle von Gefängnis nicht unter zwei Jahren: Gefängnis nicht unter drei Jahren.“

Befürchtet man von diesem Vorschlag, der in seinen Einzel heiten sehr leicht abgeändert werden kann, eine zu weitgehende Einschränkung des richterlichen Ermessens, so könnte die Bestimmung, die der Entwurf in Abs. 4 des § 88 enthält, hier eingefügt werden. Bezüglich der Geldstrafe bedarf es besonderer Vorschriften nicht; in den wenigen Fällen, in denen sie nach meinen Vorschlägen als ordentliche Strafe beibehalten wird, ist die Zulassung eines härteren Strafrahmens wohl überflüssig. Und daß die Haft als Ersatzstrafe ausgeschlossen bleibt, wenn überwiegend erschwerende Umstände vorliegen, würde sich aus der Stellung des § 88 gegenüber § 85 ergeben.

4. Das außerordentliche Milderungsrecht.

Eine kühne Neuerung gegenüber dem geltenden Recht enthält der § 83 des *DVE.*, der neben den mildernden Umständen des § 82 und dort, wo diese nicht zugelassen sind, an deren Stelle die Gruppe der „besonders leichten Fälle" aufstellt und dem Richter gestattet, die Strafe nach freiem Ermessen zu mildern und dort, wo dies ausdrücklich zugelassen ist, von einer Strafe überhaupt abzusehen.

Mit dieser Bestimmung geht der *DVE.* weit hinaus über den *SchVE.*, der in Art. 53 die „Strafmilderung nach freiem Ermessen des Richters" nur in den im Gesetz besonders vorgesehenen Fällen zuläßt, den richterlichen Straferlaß aber ausschließt. Er läßt aber auch besonders den *OVE.* hinter sich, der das außerordentliche Milderungsrecht des geltenden österreichischen Rechts beseitigt und in § 57 nur eine an bestimmte Voraussetzungen geknüpfte und gesetzlich beschränkte Herabsetzung des Strafrahmens kennt[1]).

Der § 83 des *DVE.* hat bei den Vertretern der verschiedenen Richtungen warme grundsätzliche Anerkennung gefunden; so nicht nur bei v. Lilienthal[2]) und Mittermaier[3]), sondern auch bei Wach[4]). Und zwar ganz besonders auch, soweit er dem Richter das Recht gewährt, von der Strafe völlig abzusehen. Auch Löffler gibt dem *DVE.* den Vorzug vor dem *OVE.* Von einzelnen Schriftstellern ist er freilich heftig angegriffen worden. Der Sozialdemokrat Weinberg[5]) befürchtet, im Gegensatz zu seinem Parteigenossen Heine[6]), von § 83 die gesetzliche Sanktionierung des Grundsatzes der Klassenjustiz; auch der Ultraklassizist v. Birkmeyer[7]) erblickt in § 83 die „Statuierung eines über alles erlaubte Maß hinausgehenden richterlichen Ermessens" und die Preisgebung des Satzes: nulla poena sine lege.

Es mag zugegeben werden, daß ein Strafrichter, der über die Begriffsjurisprudenz etwa im Sinne von Birkmeyer niemals hinausgekommen ist, mit der Handhabung des § 83 viel Unheil anrichten könnte. Aber gerade das berührt an dem *DVE.* so überaus wohltuend, daß er Vertrauen zu unserem Richterstand hegt und sich nicht scheut, ihm andere und ungleich schwerere Aufgaben zu

---

[1]) Vgl. dazu Löffler in der österreichischen Zeitschrift für Strafrecht 2. Heft und Graf Gleispach, Der Österreichische Strafgesetzentwurf 1910 S. 74.

[2]) Aschaffenburgs Monatsschrift *VI. 112.*

[3]) Mittermaier a. a. O. 171.

[4]) DJZ. *XV. 112.*

[5]) Die Arbeiterklasse und der Strafgesetzentwurf 1910 (Abdruck der zuerst im „Vorwärts" erschienenen Artikelreihe). Derselbe in der „Neuen Zeit" *XXVIII. 727.*

[6]) Im „März" 1910 S. 327.

[7]) Beitrag zur Kritik des Vorentwurfs 1910 *I. 61.*

stellen, als der Richter von heute sie zu lösen hat. Wer gesehen hat, wie rasch unsere deutschen Strafrichter in die neue und eigenartige Aufgabe der Jugendgerichte sich eingelebt haben, der wird das Vertrauen des Gesetzgebers teilen. Auch der Strafrichter wächst mit der Größe der ihm gesteckten Ziele.

Von meinem Standpunkt aus kann es keinem Zweifel unterliegen, daß § 83 wärmste Anerkennung verdient. Auch die Aufstellung zweier Strafrahmen, eines ordentlichen und eines abgeleiteten milderen Strafrahmens, vermag die Fülle der Abstufungen, die das Leben bietet, nicht zu umspannen; trotz der damit gegebenen Weite des dem richterlichen Ermessen gewährten Spielraums wird es, wie die Erfahrung uns lehrt, immer noch Fälle geben, die in die Schablone nicht hineinpassen wollen. Für sie ist § 83 bestimmt. Dabei wird freilich die genaue Prüfung des Bes. T. ergeben, daß wohl auch in anderen als in den Fällen der §§ 168³, 227, 259, 272, 296¹, 310 die Gestaltung des einzelnen Falles ein Absehen von jeder Bestrafung rechtfertigen kann. Diese Prüfung aber gehört nicht mehr in den Rahmen meiner Aufgabe. Jedenfalls kann ich dem Absatz 1 des § 83 in der vorgeschlagenen Fassung unbedingt zustimmen.

III.

Die Strafbemessungsgründe.

1. Der Maßstab.

Innerhalb des Strafrahmens, sei es des ordentlichen, sei es des an seine Stelle tretenden milderen oder härteren außerordentlichen Strafrahmens, hat der Richter im Einzelfall die Strafe zu bemessen. Seine Aufgabe wird um so schwieriger und verantwortungsvoller sein, einmal je weiter die Strafrahmen selbst gezogen sind, dann aber, je weniger die grundlegende Ansicht des Gesetzgebers über den Zweck der Strafe und der sichernden Maßnahme, wie über das Verhältnis dieser zu jener, im Gesetze selbst zum Ausdruck gelangt ist.

Gerade wegen der vermittelnden und darum unklaren Stellung des Entwurfs zu der Frage nach dem Strafzweck habe ich es für notwendig erachtet, die ordentlichen Strafrahmen enger zu fassen, als der Entwurf das getan hat, und die Ersetzung des ordentlichen durch einen außerordentlichen Strafrahmen an bestimmte Voraussetzungen zu knüpfen.

Aus demselben Grunde aber ist es auch mit Freude zu begrüßen, daß der Entwurf es versucht hat, im Gesetze selbst die Grundsätze für die Bemessung der Strafe aufzustellen und so dem freien richterlichen Ermessen den Weg zu weisen.

Freilich wird man dabei nicht vergessen dürfen, daß die Strafbemessung ihrem innersten Wesen nach Aufgabe des Richters ist und daß ihm die Lösung dieser Aufgabe durch den Gesetzgeber niemals abgenommen werden kann. Gesetzliche Anweisungen werden daher auch nicht über gewisse allgemeine Wendungen hinauskommen können. Wenn § 81 des Entwurfs mit den Worten beginnt: „Bei Bemessung der Strafe innerhalb der vom Gesetz vorgeschriebenen Grenzen sind alle für eine höhere oder geringere Strafe sprechenden Umstände zu berücksichtigen", so bringt er damit nichts, was sich nicht von selbst verstände. Der Satz, der ebensogut hätte wegbleiben können, soll wohl auch nur dazu dienen, die nun folgende Hervorhebung einzelner, „insbesondere" zu berücksichtigender Umstände einzuleiten.

Diese besonderen Umstände lassen sich ohne Mühe auf zwei zurückführen: 1. die Gesinnung des Täters und 2. die Folgen der Tat. Kürzer und schärfer als der *DVE.* bestimmt der *OVE.* in § 43: „Die Strafe ist nach dem Verschulden und der Gefährlichkeit des Täters zu bemessen. Dabei sind die Beschaffenheit der Tat, sowie die persönlichen und wirtschaftlichen Verhältnisse des Täters zu berücksichtigen." Weniger klar der *SchVE.* Art. 49: „Der Richter mißt dem Täter die Strafe nach seinem Verschulden zu; er berücksichtigt die Bewegungsgründe, das Vorleben und die persönlichen Verhältnisse des Schuldigen."

Gegen die Berücksichtigung der Folgen der Tat ist nichts einzuwenden, wenn diese von dem Verschulden des Täters mit umfaßt sind. Dagegen sprechen, wie schon v. Lilienthal[1]) hervorgehoben hat, schwerwiegende Bedenken gegen die Berücksichtigung der „objektiven", d. h. von dem Täter weder vorausgesehenen, noch für ihn voraussehbar gewesenen Folgen. Es ist in der Tat nicht einzusehen, warum der Einbrecher milder bestraft werden soll, wenn er gegen seine Erwartung keine Wertgegenstände gefunden hat, strenger dagegen, wenn ihm eine unerhofft reiche Beute in die Hände gefallen ist. Mit vollem Recht läßt der *OVE.* in den §§ 44 und 45 die Geringfügigkeit oder die Größe der Verletzung oder Gefährdung nur insoweit ins Gewicht fallen, als diese Umstände auf ein geringeres oder größeres Maß der Ver-

---

[1]) Aschaffenburgs Monatsschrift *VI. 543.*

schuldung hinweisen. § 81 des *DVE.* müßte daher dahin abgeändert werden, daß nur von den „verschuldeten Folgen der Tat" gesprochen wird.

Viel wichtiger ist der Hinweis auf „die Gesinnung" des Täters. In diesem Hinweis ist die Hauptforderung der modernen Richtung innerhalb des Strafrechts zur klaren Anerkennung gelangt. Daran können auch die recht unklaren und gewundenen Erklärungen der „Begründung" nichts ändern.

Die „Gesinnung", die der Entwurf meint, ist selbstverständlich „die in der Tat hervortretende verbrecherische Gesinnung" und kann gar nichts anderes sein. Mit all dem Widersinn, den die Gegner an das von ihnen freierfundene Schlagwort von der „Gesinnungsstrafe" geknüpft haben, hat der Hinweis des Entwurfs nichts zu tun. Es ist notwendig, daß das gegenüber der Begr. klar festgestellt werde.

Ganz gewiß ist die „Gesinnung", die der Richter nach § 81 bei der Strafbemessung berücksichtigen soll, etwas ganz anderes als das „Verschulden" nach dem Sprachgebrauch des Entwurfs. Das Verschulden erschöpft sich in Vorsatz und Fahrlässigkeit (§§ 58—62), also in der psychischen Beziehung auf die Tatbestandsmerkmale. Darüber ist wohl ein Zweifel nicht möglich. Der Begriff des Mordes ist völlig unabhängig von dem Motiv des Täters, von seinen persönlichen und wirtschaftlichen Verhältnissen, von der nach der Tat bewiesenen Reue; das Verschulden beim Mord besteht ausschließlich in dem überlegten Vorsatz, einen Menschen zu töten. Die Gesinnung, von der § 81 spricht, hat mit dem Begriff des Verschuldens nicht das geringste zu tun.

Um „die in der Tat hervortretende verbrecherische Gesinnung des Täters" handelt es sich. In der Tat aber kann die Gesinnung nur „hervortreten", wenn sie außerhalb der Tat und unabhängig von ihr vorhanden ist. Das hat die durchaus verworrene Note 4 S. 315 der Begr. vollständig verkannt, indem sie die in der Tat hervortretende von einer anderen verbrecherischen Gesinnung unterscheiden will. Der Entwurf selbst ist völlig klar und folgerichtig. Die in der Tat hervortretende Gesinnung kann nur ausnahmsweise aus der Tat selbst erschlossen werden; und auch dann nur, wenn man über die Merkmale des verbrecherischen Tatbestandes hinausgeht. Ganz regelmäßig werden außer der Tat selbst eine ganze Reihe weiterer Umstände berücksichtigt werden müssen, die vor oder nach der Tat hervortreten oder die Tat begleiten. Wie der Entwurf es richtig betont: „Die Beweggründe des Täters, der von ihm verfolgte Zweck, der zur Tat gegebene Anreiz, die persönlichen und wirtschaftlichen Verhältnisse des Täters, der Grad seiner Einsicht . . . und das Verhalten des Täters nach der Tat, namentlich die bewiesene Reue und das bewiesene Streben, die Folgen wieder gut zu machen.“ Nicht um das Verhältnis einer „ständigen“ und einer zur Zeit der Tat vorhandenen „augenblicklichen“ Gesinnung handelt es sich, sondern um die Beziehung der Tat auf den Täter. Es soll berücksichtigt werden, ob die Tat das Spiegelbild der Eigenart des Täters darstellt oder ob sie überwiegend unter dem Einfluß äußerer Umstände zustande gekommen ist. Bei der Entscheidung dieser Frage wird nicht nur das Verhalten des Täters nach der Tat, sondern, wie das ja auch heute schon tagtäglich in unseren Gerichtssälen zu geschehen pflegt, das ganze Vorleben des Täters in Erwägung gezogen werden müssen. So gut aus der aufrichtigen Reue des Täters nach der Tat auf die geringere Intensität seiner verbrecherischen Gesinnung geschlossen werden kann, ebensogut kann eine Anzahl von an sich straflosen Vorbereitungshandlungen, kann die gesamte Lebenshaltung des Täters vor der Tat den Schluß auf die größere Intensität seiner verbrecherischen Gesinnung rechtfertigen. Was § 81 sagt, enthält für den Strafrichter nichts Neues; daß aber das Selbstverständliche ausdrücklich ausgesprochen wird, ist ein Verdienst des Entwurfs. Denn damit ist allen reaktionären Versuchen, die Aufgabe des Strafrichters auf die Wertung der konkreten Tat zu beschränken, ein kräftiger Riegel vorgeschoben. § 81 verdient daher Billigung, auch wenn etwa die Fassung im einzelnen bemängelt und die kürzere Formel des *OVE.* vorgezogen werden sollte.

Die Regeln des § 81 werden nach verschiedenen Richtungen hin ergänzt: so durch § 18 bezüglich der Schärfung der Freiheitsstrafe, durch § 30 bezüglich der Bemessung der Geldstrafe, durch § 36 bezüglich der zusätzlichen Geldstrafe bei den auf Gewinnsucht beruhenden Verbrechen und Vergehen, durch den schon oben S. 378 behandelten § 85, durch § 86, der mir zu besonderen Bemerkungen keinen Anlaß gibt und verschiedene andere. Alle diese Bestimmungen weisen darauf hin, daß bei der Bemessung der Strafe zwar wie bisher von der objektiven Schwere der begangenen Tat ausgegangen, daß aber daneben ungleich mehr als bisher die gesamte Persönlichkeit des Täters berücksichtigt werden soll.

Bedenken muß es dagegen hervorrufen, daß nach der Begr. (S. 314 Note 6) die Regel des § 81 auch auf die „sichernden Maßnahmen“ Anwendung finden soll. Selbstverständlich muß auch hier die Gesamtpersönlichkeit des Täters ins Auge gefaßt werden, ist auch hier sein Vorleben, sind die Umstände, unter denen die Tat begangen worden ist, ist sein Verhalten nach der Tat zu berücksichtigen. Aber grundlegend für die richterliche Entscheidung ist hier nicht, wie bei der Strafbemessung, die objektive Schwere der Tat, sondern der Zustand des Täters, der die Anordnung von Maßregeln der individuellen Fürsorge oder des gesellschaftlichen Schutzes rechtfertigt. Die Rechtsprechung wird daher am besten die Note 6 der Begr. ganz außer Betracht lassen.

2. Die Anwendung der außerordentlichen Strafrahmen.

Genau dieselben Gesichtspunkte, die für die Bemessung der Strafe innerhalb des ordentlichen Strafrahmens maßgebend sind, müssen auch für die Ersetzung des ordentlichen durch einen außerordentlichen Strafrahmen und für die Bemessung innerhalb dieses abgeleiteten Strafrahmens den Ausschlag geben.

Für die „mildernden Umstände“ versteht sich das nach der ganzen Anlage des Entwurfs von selbst; es ist daher hier auch nicht ausdrücklich wiederholt. Auffallend ist es dagegen, daß die §§ 83 und 84, scheinbar wenigstens, einen von § 81 abweichenden Maßstab aufstellen. Daß in jenen beiden Paragraphen nur die „rechtswidrigen“ Folgen der Tat hervorgehoben sind, während § 81 von den „Folgen der Tat“ schlechthin spricht, ist ein Schönheitsfehler, aber ohne praktische Bedeutung. Schlimmer ist es, daß die „verbrecherische Gesinnung“ des § 81 in den beiden Paragraphen durch den „verbrecherischen Willen“ ersetzt wird. Aus der Begr. ist nicht ersichtlich, ob mit diesem veränderten Ausdruck auch ein anderer Begriff verbunden werden soll. Nach den von mir oben S. 381 gemachten Vorschlägen würde in § 84 die Wendung genügen: „wenn die erschwerenden Umstände überwiegen“. In § 83 aber wäre der zweite Absatz entweder ganz zu streichen, was mir das beste schiene, oder doch im Anschluß an § 82 zu fassen. Der Sinn des Entwurfs ist doch der: Bei überwiegenden mildernden Umständen soll eine durch das Gesetz beschränkte Herabsetzung des ordentlichen Strafrahmens eintreten; wenn aber den mildernden Umständen erschwerende Umstände überhaupt nicht gegenüberstehen, wenn also die Folgen der Tat unbedeutend sind und die Intensität der verbrecherischen Gesinnung des Täters gering ist, wird dem Richter das freie Milderungsrecht eingeräumt.

Ich fasse meine Vorschläge noch einmal zusammen: 1. Eingung der ordentlichen Strafrahmen, die in der Regel nur eine einzige Strafart zu enthalten haben; 2. allgemeine Zulassung eines abgeleiteten milderen Strafrahmens bei überwiegend mildernden Umständen, sowie eines abgeleiteten härteren Strafrahmens bei überwiegend erschwerenden Umständen; 3. daneben in besonders leichten Fällen das uneingeschränkte Milderungsrecht des Richters.

IV.

Der Rückfall.

1. Der Begriff des Rückfalls.

Die Vorschläge, die der *DVE.* in den §§ 87 und 88 bezüglich des Rückfalls gemacht, haben bei der Kritik geringen Beifall gefunden. v. Lilienthal[1]) spricht von einem „gewissen Schematismus“, der in diesen Vorschlägen zum Ausdruck kommt; Wach[2]) hebt tadelnd hervor, daß sie „durch ihren mechanischen Zug unvorteilhaft mit den sonstigen Strafzumessungsgründen kontrastieren“. Mittermaier[3]) hält die Bestimmung für „ganz eigentümlich und jedenfalls sehr wenig praktisch.“ Auch ich halte dieses Urteil für vollauf berechtigt und die Vorschläge des Entwurfs für dringend verbesserungsbedürftig.

Es ist den Verfassern des *DVE.* zuzugeben, daß der Begriff des Rückfalls neben dem der gewerbs- und gewohnheitsmäßigen Begehung nicht gut entbehrt werden kann und daß die Rückfallschärfung eine notwendige Zwischenstufe zwischen der Bestrafung der begangenen Tat und einer sichernden Maßnahme gegen den gemeingefährlichen Täter darstellt. Es ist ferner gerade von dem von mir vertretenen Standpunkt aus zuzugeben, daß dem Rückfall vielfach symptomatische Bedeutung zukommt und daß aus der Begehung einer strafbaren Handlung nach Verbüßung der für eine frühere Straftat verwirkten Strafe ein Schluß auf die größere Intensität der verbrecherischen Gesinnung gezogen werden kann. Aber das darf nicht vergessen werden, daß diese Schlußfolgerung durchaus nicht in allen Fällen, vielmehr nur dann berechtigt ist, wenn ein inneres Band die neue mit der bereits abgebüßten Tat verknüpft. Und daraus folgt: daß der Gesetzgeber in dem Begriff des Rückfalls selbst diese Verknüpfung zum Ausdruck bringen muß, und daß er die Rückfallschärfung nicht unbedingt vorschreiben darf.

---

[1]) Aschaffenburg, Monatsschrift *VI. 544.*

[2]) DJZ. *XV. 115.*

[3]) A. a. O. 171.

Der *DVE.* hat weder die eine noch die andere der beiden Forderungen berücksichtigt; er bleibt daher hinter dem *SchVE.* wie hinter dem *OVE.* zurück.

Der Begriff des Rückfalls wird in § 87 im rein formalen Sinn genommen: „Wer wegen eines Verbrechens oder eines vorsätzlichen Vergehens Freiheitsstrafe erlitten hat und binnen fünf Jahren wiederum ein Verbrechen oder ein vorsätzliches Vergehen begeht, wegen dessen er Freiheitsstrafe verwirkt hat, befindet sich im Rückfall."

Vorbildlich für diese Begriffsbestimmung war der Art. 55 des *SchVE.* Aber nach zwei Richtungen hin hat der *DVE.* sein Vorbild verschlechtert: Er hat die Verjährung der Rückfallschärfung an eine Frist von fünf Jahren geknüpft, während der *SchVE.* sich mit drei Jahren begnügt; er läßt ferner jede Freiheitsvorstrafe ausreichen, während der *SchVE.* Freiheitsstrafe von sechs Monaten verlangt.

Mit seinem Vorbild teilt der *DVE.* einen Fehler: Wie jener, verzichtet auch er auf den inneren Zusammenhang zwischen dem neuen und dem früheren Delikt. Wesentlich abweichend der *OVE* der in § 64 sagt: „Wer vor Ablauf von fünf Jahren seit dem Voll zug einer Strafe ein strafbare Handlung begeht, die auf derselben Neigung beruht, wie die der vorausgegangen Bestrafung zugrunde liegende Tat, unterliegt den für Rückfällige geltenden Bestimmungen."

Mit dem Hinweis auf diese Fassung des *OVE.* dürften auch die Bedenken widerlegt sein, die in der Begr. (S. 345) gegen die Beschränkung der Schärfung auf den gleichartigen Rückfall vorgebracht werden. Die grundsätzliche Richtigkeit dieser Beschränkung wird auch in der Begründung nicht in Abrede gestellt; aber die gesetzliche Umschreibung des gleichartigen Rückfalls wird als undurchführbar hingestellt. Richtig ist es, daß die Zusammenfassung gewisser Verbrechensgruppen, die erfahrungsgemäß auf derselben Neigung oder auf derselben Triebfeder beruhen, zu Willkürlichkeiten, Unrichtigkeiten und Lücken führen muß. Richtig ist es ferner, daß auf derselben Triebfeder die verschiedensten strafbaren Handlungen beruhen können, die in ihren Tatbestandsmerkmalen keine äußere Ähnlichkeit miteinander haben, und daß umgekehrt dasselbe Verbrechen den verschiedensten Triebfedern entsprechen kann. Das ist ja alles in der Literatur oft genug hervorgehoben worden. Unrichtig aber ist es, daß die Feststellung des subjektiven Merkmals „Gleichartigkeit der Triebfeder" in der Praxis auf besondere Schwierigkeiten stoßen und ein Element der

Unsicherheit in die Rechtsprechung einführen würde. Der *OVE.* hat dieses Bedenken nicht geteilt, und das mit Recht. Die Triebfeder der Tat muß der Strafrichter künftighin nach § 81 des *DVE.* in allen Fällen feststellen, da sie für die Strafbemessung von ausschlaggebender Bedeutung ist; bei jeder späteren Verurteilung werden daher die Feststellungen der früheren Urteile zum Vergleich herangezogen werden können. Aber auch sonst verlangt der Entwurf von dem Richter das Eingehen auf die psychologische Grundlage der Tat; an die Feststellung, daß die Tat „auf Gewinnsucht beruht“, knüpft beispielsweise der § 36 die Verurteilung zu einer zusätzlichen Geldstrafe, und die „ehrlose Gesinnung“ spielt schon heute ihre entscheidende Rolle. Was der Richter hier leisten soll, wird er auch in anderen Fällen leisten können, und dieser Aufgabe, die der *OVE.* dem Strafrichter allgemein überträgt, wird auch der deutsche Richter gewachsen sein.

Ich schlage daher vor, dem § 87 die folgende Fassung zu geben:

> „Wer wegen eines Verbrechens oder Vergehens bestraft worden ist und binnen drei Jahren wiederum ein auf derselben Triebfeder beruhendes Verbrechen oder Vergehen begeht, befindet sich im Rückfall [1].“

Wird der Begriff des Rückfalls durch das Erfordernis der gleichartigen Triebfeder eingeschränkt, so können die in § 87 des *DVE.* weiter aufgestellten Voraussetzungen fallen: die Vorsätzlichkeit der begangenen Vergehen und die Verurteilung zu einer Freiheitsstrafe. Gerade bei wiederholter Fahrlässigkeit kann die Strafschärfung am Platze sein, und für die Beschränkung der Schärfung auf Freiheitsstrafe spricht keinerlei zwingender Grund.

Nach dem *DVE.* bleiben bei der Begriffsbestimmung des Rückfalls ausländische Vorstrafen außer Betracht. Die in der Begründung (S. 351) für diese Einschränkung angeführten Gründe halte ich nicht für stichhaltig. Ich befinde mich mit dieser Ansicht in Übereinstimmung mit den beiden anderen Entwürfen. Der *OVE.* sagt in § 64 Abs. 2: „Eine im Ausland vollzogene Strafe ist zu berücksichtigen, wenn die Tat auch nach inländischem Recht strafbar ist.“ Und Art. 55 Ziff. 2 des *SchVE.* bestimmt: „Eine ausländische Bestrafung begründet Rückfall, wenn der Täter wegen eines Verbrechens im Ausland bestraft worden ist, für das nach schweizerischem Recht die Auslieferung bewilligt werden könnte.“ Ich

[1]) Vgl. dazu v. Lilienthal Z. *XXX. 231.*

trage kein Bedenken, dem *OVE.* den Vorzug zu geben; mit der Auslieferung hat die Annahme eines Rückfalls nichts zu tun.

2. Die Rückfallsschärfung.

Nach § 88 des *DVE.* ist im ersten und zweiten Rückfall die Strafe innerhalb der gesetzlichen Grenzen angemessen zu erhöhen. Das versteht sich von selbst und bedarf kaum einer ausdrücklichen Erwähnung im Gesetz. Erst im dritten und ferneren Rückfall tritt die Schärfung ein: „Die Strafe beträgt mindestens ein Viertel und höchstens das Doppelte der angedrohten Höchststrafe, doch darf der gesetzliche Höchstbetrag der zur Anwendung kommenden Strafart nicht überschritten werden. Von mehreren angedrohten Strafarten ist die schwerste zu wählen. — Liegen besondere Umstände vor, welche die im Abs. 3 vorgesehene Mindeststrafe zu hart erscheinen lassen, so kann die Strafe milder bestimmt werden, sie soll aber die gesetzliche Mindeststrafe erheblich übersteigen."

Nach dieser Vorschrift wird der abgeleitete schärfere Strafrahmen in ganz eigenartiger Weise gebildet: für Mindest- wie Höchstmaß des neuen Strafrahmens ist das Höchstmaß des ordentlichen Strafrahmens maßgebend. Beträgt also der ordentliche Strafrahmen Gefängnis von einem Tag bis zu drei Jahren, so ergibt sich als abgeleiteter Strafrahmen Gefängnis von neun Monaten bis zu fünf Jahren. Bei Androhung von Zuchthaus bis zu fünf Jahren beträgt der Strafrahmen für den Rückfall ein Jahr drei Monate bis zu zehn Jahren Zuchthaus.

Ich kann eine innere Berechtigung für diese Bildung des neuen Strafrahmens, insbesondere für die Nichtberücksichtigung des ordentlichen Mindestmaßes, nicht einsehen. Den beiden anderen Entwürfen ist sie fremd. Art. 55 des *SchVE.* sagt: „so erhöht der Richter die Strafe angemessen; er ist dabei an das Höchstmaß der angedrohten Strafe nicht gebunden, darf aber die höchste gesetzliche Dauer der Strafart nicht überschreiten." Der *OVE.* verweist, soweit er nicht im Bes. T. selbständige Strafdrohungen für die rückfällige Begehung aufstellt, auf die allgemeinen Strafzumessungsregeln (§ 43). Damit wird aber die Rückfallschärfung selbst preisgegeben. Ich halte es für richtiger, die oben S. 381 von mir vorgeschlagene Vorschrift des § 84 auch für den dritten und ferneren Rückfall zu wiederholen. Dann würde also, auch wenn die erschwerenden Umstände nicht überwiegen, die für den Fall ihres Überwiegens vorgeschriebene Schärfung eintreten. Die Schärfung wäre mithin bindend in Beziehung auf die Erhöhung der Mindeststrafe; dagegen wäre das Hinaufgehen über die Höchststrafe bis an die höchste Grenze der Strafart in das richterliche Ermessen gestellt. Damit würde der „mechanische Zug“ in den Vorschlägen des *DVE.* wohl im wesentlichen vermieden sein.

3. Die wiederholte schwere Bestrafung.

Der *OVE.* kennt neben der Schärfung wegen Rückfalls, dessen Begriff auf der Gleichartigkeit der Triebfeder beruht, auch noch die Schärfung wegen „wiederholter schwerer Bestrafung“ (§ 63), bei der ein innerer Zusammenhang zwischen den Vordelikten und der neuen Straftat nicht erforderlich ist. „Die Strafe ist innerhalb der um ein viertel erhöhten Grenze des Strafsatzes zu bemessen, wenn der Täter zwei Kerkerstrafen oder sechs Monate übersteigende Gefängnisstrafen verbüßt hat und vor Ablauf von fünf Jahren seit dem Vollzug der letzten dieser Strafen eine Tat begeht, wegen der er mit Kerker oder Gefängnis zu bestrafen ist usw.“ Gegenüber der sofort zu besprechenden Bestimmung in § 89 des *DVE.* kann diese Vorschrift wohl als durchaus entbehrlich bezeichnet werden.

V.

Die gewerbs- und gewohnheitsmäßigen Verbrecher.

1. Der Grundgedanke.

Von besonderem Interesse ist der § 89 des *DVE.* In ihm kommt der Standpunkt des Entwurfs, nach welchem neben der objektiven Schwere der Tat die verbrecherische Gesinnung des Täters zu berücksichtigen ist, zum unverkennbaren Ausdruck. v. Birkmeyer hat sich denn auch beeilt, zu erklären, daß der § 89 „eine mit dem Vergeltungsstandpunkt des Entwurfs ganz unverträgliche Konzession an das Gesinnungsstrafrecht zu enthalten scheint“ und dabei nur übersehen, daß der Entwurf selbst sich zwar grundsätzlich auf den Vergeltungsstandpunkt gestellt hat, aber mit zielbewußtem Willen über ihn hinausgegangen ist. In der Tagespresse hat namentlich die Deutsche Tageszeitung vom 13. November 1909 und der Reichsbote vom 19. Januar 1910 den § 89 mit lebhafter Zustimmung begrüßt. v. Lilienthal[1]) billigt grundsätzlich die Vorschläge des Entwurfs, während v. Calker[2]) den Vorschriften des *OVE.* den Vorzug gibt. Ich selbst habe mich

---

[1]) Z. *XXX. 233* und in Aschaffenburgs Monatsschrift *VI. 545.*
[2]) Z. *XXX. 286.*

bereits im ersten Heft der neuen österreichischen Zeitschrift für Strafrecht über § 89 des *DVE.* im Vergleich zu den Vorschlägen der beiden anderen Entwürfe geäußert und kann mich daher an dieser Stelle kürzer fassen.

Wie die Begr. des *DVE.* (S. 362) richtig betont, geht das legislative Problem dahin: „diejenigen verbrecherischen Elemente zu treffen, welche durch die gewöhnlichen Strafen von ihrem verbrecherischen Treiben nicht abgehalten werden, wiederum neue strafbare Handlungen zu begehen, und die deshalb, weil sie trotz erlittener Strafen voraussichtlich wieder rückfällig werden, eine ständige Gefahr für die Gesellschaft bilden".

Es handelt sich also darum, einmal diese Elemente begrifflich zu bestimmen und andererseits diejenigen Maßregeln anzuordnen, die der Rechtsordnung und der Gesellschaft einen ausreichenden Schutz gegen diese gefährlichen Elemente gewährleisten.

2. Die Unverbesserlichen.

Durch zwei Momente kennzeichnen sich die von dem Gesetz besonders zu treffenden Individuen. Einmal dadurch, daß sie eine „ständige Gefahr für die Rechtsordnung und die Gesellschaft bilden" (Begr. des *DVE.*), oder daß sie „als besonders gefährlich für die Sittlichkeit oder für die Sicherheit der Person oder des Vermögens (gemeingefährlich) anzusehen sind" (*OVE.*). Die von ihnen begangene, jetzt zur Aburteilung stehende Tat tritt in den Hintergrund gegenüber dem „Hang zum Verbrechen" (*SchVE.*), der diese Personen zu gemeingefährlichen Individuen stempelt.

Zu diesem Merkmal muß aber ein zweites hinzutreten. Die Gemeingefährlichkeit kann zweifellos feststehen, auch wenn der Täter bisher mit dem StGB. in keinen Konflikt geraten ist. Man denke daran, daß der bisher unbestrafte Angeklagte überführt ist, Jahre hindurch eine ganze Reihe von Personen aus Gewinnsucht vergiftet zu haben. Bei dem Geisteskranken und dem vermindert Zurechnungsfähigen wird kein Mensch bestreiten, daß er auch dann als gemeingefährlich zu betrachten und zu behandeln ist, wenn er das erstemal vor Gericht steht; bei dem Geistesgesunden aber liegt die Sache nicht anders. Dennoch haben die drei Entwürfe es nicht gewagt, den Geistesgesunden in diesem Falle als gemeingefährlich unter besondere Rechtsregeln zu stellen; sie verlangen vielmehr, daß eine Reihe von erheblichen Vorstrafen vorausgegangen und dadurch die Unwirksamkeit der ordentlichen Strafen festgestellt ist.

Es handelt sich mithin um einen Zustand der Gemeingefährlichkeit, der durch wiederholte und schwere Vorstrafen nachgewiesen ist.

Auf diesem Standpunkt steht das norwegische StGB. Auf ihm stehen auch, trotz mancher Abweichung im einzelnen, die drei Entwürfe.

Auf Zahl und Art der in den Entwürfen geforderten Vorstrafen gehe ich hier nicht ein. Im allgemeinen kann ich mich mit § 89 einverstanden erklären. Wichtiger ist mir die Kennzeichnung des Zustands der Gemeingefährlichkeit selbst. Am klarsten ist hier der *OVE.*, der in § 38 die Anhaltung des Verurteilten zuläßt, „wenn ihn seine Verbrechen als gemeingefährlich erscheinen lassen und anzunehmen ist, er werde sich von weiteren strafbaren Handlungen nicht abhalten lassen". Weniger glücklich ist Art. 31 des *SchVE.* gefaßt, nach dem der Täter „einen Hang zu Verbrechen oder zu Liederlichkeit oder Arbeitsscheu bekunden" muß. Ganz abgesehen von der ganz verfehlten Gleichstellung des Hangs zu Liederlichkeit oder Arbeitsscheu mit dem hier allein in Frage kommenden Hang zum Verbrechen, übersieht der *SchVE.*, daß nicht der „Hang" an sich, sondern nur der eingewurzelte, bereits zur Gewohnheit gewordene Hang maßgebend sein kann. Am unklarsten faßt der *DVE.* die Voraussetzung dahin, daß die neue Straftat den Täter „in Verbindung mit seinen Vorstrafen als gewerbs- oder gewohnheitsmäßigen Verbrecher erscheinen läßt". Denn einmal ist die Gleichstellung von Gewerbsmäßigkeit und Gewohnheitsmäßigkeit recht bedenklich; dann aber kann diese wie jene auch dann zweifellos vorliegen, wenn noch keine Vorstrafe vorangegangen ist, sowie denn auch der *Bes. T.* diese beiden Begriffe unabhängig von jeder Vorstrafe vielfach als qualifizierende Umstände verwendet. Vor allem aber tritt in dieser Fassung gerade jene Voraussetzung nicht hervor, die nach der Erklärung der Motive der *DVE.* im Auge hat: die Gemeingefährlichkeit.

Ich schlage daher vor, die Wendung des *OVE.* in den *DVE.* zu übertragen. Will man an der Gewerbs- oder Gewohnheitsmäßigkeit festhalten, so läßt sich das Merkmal der Gemeingefährlichkeit diesen beiden Voraussetzungen leicht einfügen.

3. Die Sicherung der Gesellschaft.

Während die drei Entwürfe in der Umgrenzung der von ihnen als gemeingefährlich betrachteten Verbrecher von einem einheitlichen Grundgedanken ausgehen, freilich ohne für diesen Gedanken einen übereinstimmenden Ausdruck zu finden, weichen sie in der Bestimmung der Maßregeln, die gegen diese Verbrechergruppen angeordnet werden, sehr weit voneinander ab.

Nach dem *SchVE.* tritt die „Verwahrung der Gewohnheitsverbrecher“ an die Stelle der Strafe (Art. 31). „Der Verwahrte bleibt in jedem Fall bis zum Ablauf der Strafzeit und mindestens fünf Jahre in der Anstalt; ist er schon einmal verwahrt worden, so bleibt er mindestens zehn Jahre darin. Nach dieser Zeit kann ihn die zuständige Behörde für drei Jahre vorläufig entlassen, wenn sie annimmt, er werde nicht mehr rückfällig werden; sie hört die Beamten der Anstalt darüber an. Nach 20 Jahren wird er in jedem Fall endgültig entlassen.“ Abweichend der *OVE.* (§ 38): Der Gemeingefährliche kann nach Verbüßung der Strafe noch weiterhin „angehalten werden“. „Das Gericht spricht die Zulässigkeit der Anhaltung im Urteil aus und entscheidet sodann auf Grund der Ergebnisse des Strafvollzugs, ob der Sträfling entlassen werden kann oder wegen fortdauernder Gemeingefährlichkeit in einer besonderen Anstalt oder in einer besonderen Abteilung einer Strafanstalt anzuhalten sei. — Die Anhaltung darf zehn Jahre nicht übersteigen. Nach Ablauf von mindestens drei Jahren kann der Täter endgültig oder auf Widerruf entlassen werden.“ Dagegen ist nach § 89 des *DVE.* auf Strafe, und zwar „wenn die neue Tat ein Verbrechen ist, auf Zuchthaus nicht unter fünf Jahren und, wenn sie ein Vergehen ist, auf Zuchthaus von zwei bis zu zehn Jahren zu erkennen“.

Wir haben also die drei möglichen Systeme nebeneinander: im *SchVE.* nur die sichernde Maßnahme, im *DVE.* nur die Strafe, im *OVE.* Strafe und die an diese sich anschließende sichernde Maßnahme[1]).

Es wird wohl nicht bestritten werden können, daß keines dieser drei Systeme in seiner Durchführung den angestrebten Zweck erreicht.

Der angestrebte Zweck liegt in dem Schutz der Gesellschaft gegen den gemeingefährlichen Verbrecher. Wie man auch die Voraussetzung der Gemeingefährlichkeit gesetzlich bestimmen mag, stets handelt es sich bei ihr um einen eigenartigen Zustand des Verbrechers, um einen état dangereux; nicht also, wie gegenüber v. Birkmeyer bemerkt werden mag, um ein rein subjektives

---

[1]) Auf die begriffliche Unterscheidung von Strafe und sichernder Maßnahme gehe ich hier nicht ein. Daß sie zwei sich schneidende Kreise darstellen, dürften auch die Anhänger der Vergeltungstheorie (mit Ausnahme v. Birkmeyers) heute zugeben.

Moment, um eine bloß innerlich vorhandene Gesinnung, sondern um einen objektiv in die Erscheinung getretenen, auf der antisozialen Gesinnung beruhenden Zustand. Dieser Zustand ist es, der die gewöhnlichen Strafarten als nicht ausreichend erscheinen läßt, der mithin besondere Maßnahmen erfordert. Und damit ist gesagt, daß diese besonderen Maßnahmen so lang andauern müssen, als der Zustand es erfordert; denn nichts wäre törichter, als den Übeltäter, dessen Gemeingefährlichkeit unvermindert fortdauert oder vielleicht durch die Anhaltung noch gesteigert ist, trotzdem wieder auf die Gesellschaft loszulassen.

Wie man diese besonderen Maßnahmen nennt, ist vom praktischen Standpunkt aus völlig gleichgültig. Nennt man Strafe nur die an die begangene Tat geknüpfte und ihr entsprechend bemessene Maßregel, sichernde Maßnahme aber jene, die gegen den Zustand der Gemeingefährlichkeit sich wendet, so ist die Anhaltung des Gemeingefährlichen eine sichernde Maßnahme und keine Strafe. Das ist der theoretisch einwandfreie Standpunkt des *SchVE.* Folgewidrig ist es, hier, wie der *OVE.* das will, erst die Tat zu bestrafen und dann gegen den Zustand der Gemeingefährlichkeit einzuschreiten, falls dieser nach verbüßter Strafe noch fortbesteht; aber es scheint, als hätte diese Verbindung von Strafe und sichernder Maßnahme die meiste Aussicht auf allgemeinen Beifall. Vertritt man dagegen die Auffassung, daß zwischen Strafe und sichernder Maßnahme kein begrifflicher Gegensatz besteht, daß vielmehr die Strafe den Sicherungsgedanken in sich aufzunehmen geeignet und berufen ist, dann steht nichts im Wege, gegen den gemeingefährlichen Verbrecher mit einer Sicherheitsstrafe vorzugehen.

Sehr merkwürdig ist es nun, daß gerade der *DVE.* sich auf diesen letzten Standpunkt gestellt hat (Begr. S. 359), daß er gegen die Gemeingefährlichen nicht etwa eine sichernde Maßnahme, sondern „eine strenge Sicherungshaft“ anordnet. Die Erwägungen, die zu dieser Anordnung geführt haben, sind nicht ganz durchsichtig; es scheint fast, als wäre in letzter Linie die Abneigung gegen die „unbestimmte Verurteilung“, auch in ihrer abgeschwächtesten Gestalt, ausschlaggebend gewesen.

Aber wie dem auch sein mag, der *DVE.* kommt über eine halbe Maßregel nicht hinaus, die zu den schwersten Bedenken Anlaß gibt.

Zunächst ist es nicht ganz klar, wofür der Verbrecher im Falle des § 89 gestraft wird. Die Bestimmung steht in dem Abschnitt von der Strafzumessung. Aber der Strafrahmen des § 89 ist kein abgeleiteter Strafrahmen; er wird vielmehr ganz unabhängig von der auf die begangene Tat gesetzten Strafe gebildet. Nur ob diese ein Verbrechen oder ein Vergehen darstellt, wird für das Strafmaß von Bedeutung; im übrigen fehlt jede Verbindung zwischen der zur Aburteilung stehenden Tat und der nun zu verhängenden Strafe. Man ist versucht zu sagen: der § 89 enthält einen selbständigen Tatbestand und gehört eigentlich in den *Bes. T.*; der Täter wird wegen gewerbs- oder gewohnheitsmäßiger Begehung von Straftaten bestraft.

Immerhin könnte man mit dieser Lösung des Problems sich abfinden. Ich selbst habe in meinem Gutachten an den 20. DJT. einen ähnlichen Vorschlag gemacht. Aber zwei schwerwiegende Bedenken sprechen gegen den Vorschlag des *DVE.*

Einmal ist der der Gesellschaft gewährte Schutz keineswegs ausreichend. Ein Vergleich mit den beiden anderen Entwürfen zeigt, daß Mindestmaß wie Höchstmaß der Sicherungshaft im *DVE.* am niedrigsten bemessen sind. Mein Vorschlag von 1902 begnügt sich zwar den gewerbsmäßigen Verbrechern gegenüber mit Zuchthaus nicht unter fünf Jahren, und wenn der Täter bereits mindestens einmal wegen gewerbsmäßiger Begehung strafbarer Handlungen verurteilt worden ist, mit Zuchthaus nicht unter zehn Jahren. Aber man übersehe dabei nicht, daß in diesem Vorschlag die Voraussetzung wiederholter schwerer Vorstrafen nicht aufgenommen war, die durch § 89 betroffenen Verbrecher mithin einen ungleich größeren Grad von Gemeingefährlichkeit aufweisen, und daß bei ihnen die Aussicht auf eine Änderung dieses Zustandes so gut wie ausgeschlossen ist. Unter diesen Umständen ist das Mindestmaß von fünf, bzw. zwei Jahren im Entwurf zu niedrig gegriffen.

Dazu tritt ein weiteres Bedenken. Indem der *DVE.* an dem Strafcharakter der Maßregel festhält und zugleich die unbestimmte Verurteilung in jeder Gestalt ablehnt, zwingt er den Richter, innerhalb der Strafrahmen des § 89 eine fest bestimmte Strafe auszuwerfen, zwingt er damit die Gefängnisverwaltung, den Verurteilten nach Ablauf dieser Zeit zu entlassen, ohne Rücksicht darauf, ob der Zustand der Gemeingefährlichkeit fortdauert oder nicht. Gerade in dieser Beziehung bleibt der *DVE.* hinter den beiden anderen in bedauerlicher Weise zurück. Der Art. 31 des *SchVE.* gewährt der „zuständigen Behörde" einen weiten Spielraum. Das Mindestmaß der Anhaltung beträgt fünf, unter Umständen zehn Jahre, das Höchstmaß 20 Jahre. Nach Ablauf des Mindestmaßes kann die zuständige Behörde den Angehaltenen jederzeit auf drei Jahre vorläufig entlassen, „wenn sie annimmt, er werde nicht mehr rückfällig werden"; sie kann ihn aber auch, wenn sie den Zustand der Gemeingefährlichkeit als fortbestehend annimmt, bis zum Ablauf des Höchstmaßes von 20 Jahren zurückbehalten. Ähnlich bestimmt der *OVE.* in § 38, daß die Anhaltung, die erst nach Verbüßung der verwirkten Strafe eintritt, mindestens drei und höchstens zehn Jahre zu dauern hat. Nach Ablauf der drei Jahre kann der Täter endgültig oder auf Widerruf entlassen werden; dauert der Zustand der Gemeingefährlichkeit fort, so bleibt er bis zum Ablauf der zehn Jahre in der Anstalt.

Gewiß widerspricht die Aufstellung eines Höchstmaßes der Anhaltung, wie sie im *SchVE.* und im *OVE.* sich findet, dem Zweck der Maßregel; es ist widersinnig, den Schutz der Gesellschaft preiszugeben, obwohl das Schutzbedürfnis noch besteht. Aber die Gefahr einer vorzeitigen Entlassung wird gemildert durch die strengere Bemessung der Höchstgrenze. Und andererseits ist in diesen beiden Entwürfen die Möglichkeit gegeben, den Angehaltenen freizulassen, wenn nach Ablauf der im Gesetz bestimmten Zeit die Gründe für die Anhaltung weggefallen sind. Die Regelung, die der *SchVE.* und der *OVE.* vorschlagen, ist daher keineswegs vollendet; aber es wird sich praktisch mit ihr arbeiten lassen.

§ 89 des *DVE.* dagegen ist eine Halbheit, die von keinem Standpunkt aus befriedigt. Die „Strafe" des gemeingefährlichen Verbrechers soll Vergeltung für die von ihm begangene Tat sein; sie sieht aber von jeder Beziehung auf diese Tat völlig ab. Sie soll zugleich Sicherung der Gesellschaft sein, macht aber die Dauer der Anhaltung ganz unabhängig von dem Vorhandensein dieses Schutzbedürfnisses.

Eine Änderung des § 89 muß also gefordert werden. Dabei wird es nicht sowohl darauf ankommen, einen theoretischen Grundgedanken folgerichtig bis zu seinen letzten Konsequenzen durchzuführen, als vielmehr darauf, einen Vorschlag zu machen, der Aussicht auf Annahme hat. Daher schlage ich vor, nach dem Vorbild des *OVE.* und nach den Beschlüssen des deutschen Juristentags Strafe und sichernde Maßnahmen miteinander zu verbinden. Die beiden ersten Absätze des § 89 können (mit der oben S. 394 von mir vorgeschlagenen Änderung) bestehen bleiben. Daran hätte sich aber ein dritter Absatz anzuschließen, der etwa den folgenden Wortlaut erhalten könnte:

> „Zugleich kann der Richter anordnen, daß der Verurteilte nach Verbüßung seiner Strafe in einer für solche Personen ausschließlich bestimmten Anstalt so lange ver-

wahrt wird, als es die öffentliche Sicherheit erfordert[1]. Auf Grund der gerichtlichen Anordnung hat die Landespolizeibehörde für die Unterbringung zu sorgen. Sie bestimmt auch über die Dauer der Verwahrung und über die Entlassung. Gegen ihre Bestimmung ist gerichtliche Entscheidung zulässig. Die erforderlichen Ausführungsvorschriften werden vom Bundesrat erlassen[2]."

Daß die in diesem Vorschlag aufgenommene Verbindung von Strafe und sichernder Maßnahme vom wissenschaftlichen Standpunkt aus mit Erfolg bekämpft werden kann, weiß ich genau; ich habe das selbst wiederholt, auch an dieser Stelle, ausgesprochen. Aber wie die Dinge heute bei uns, und wohl auch in Österreich und in der Schweiz, liegen, handelt es sich für den Gesetzgeber darum, den Boden zu finden, auf dem eine Verständigung der verschiedenen wissenschaftlichen Anschauungen möglich ist. Ich glaube, daß mein Vorschlag eher als der des Entwurfs die Grundlage der Verständigung zu bieten geeignet ist.

In meinem Marburger Programm von 1882 (Aufsätze und Vorträge I 173) habe ich gesagt:

> „In zwei Worten läßt sich zusammenfassen, was unbedingt und sofort angestrebt werden muß: Unschädlichmachung der Unverbesserlichen, Besserung der Besserungsfähigen. Das übrige findet sich."

An dieser programmatischen Doppelforderung habe ich seither unverrückt festgehalten. Sie bildet auch den Maßstab für meine Würdigung des Entwurfs.

Über die von ihm vorgeschlagenen bessernden Maßnahmen habe ich hier nicht zu sprechen. An dieser Stelle interessiert mich nur der erste Teil jener Forderung.

§ 89 des *DVE.* ist bestrebt, die Unschädlichmachung der Unverbesserlichen zu gewährleisten. Aber seine Sicherungsstrafe bleibt auf halbem Wege stehen. Der Entwurf nimmt den Sicherungszweck in die Strafe auf und bricht dadurch mit einem der schlimmsten Vorurteile der Vergeltungstheoretiker. Aber er gewährt der Strafe

---

[1]) Will man unter allen Umständen an einer Höchstgrenze festhalten, so kann hier hinzugefügt werden: „jedoch nicht über die Dauer von . . . Jahren hinaus".

[2]) Die Fassung schließt sich an die des § 65 an und wäre gegebenenfalls mit dieser zu ändern.

nicht jene Spannkraft, ohne die sie der neuen Aufgabe unmöglich gerecht zu werden vermag. Er bleibt auf halbem Wege stehen; und es ist nicht anzunehmen, daß die gesetzgebenden Faktoren sich heute bereits zu den notwendigen weiteren Schritten bequemen werden. So möge denn die von der Strafe verschiedene sichernde Maßnahme ergänzend eingreifen. Aber diese Ergänzung ist unbedingt erforderlich. Das neue Strafgeseztbuch muß uns die Erfüllung der beiden Forderungen bringen, für die wir seit bald 30 Jahren kämpfen.

FSC
www.fsc.org
MIX
Papier | Fördert gute Waldnutzung
FSC® C083411

Kolibri 360 GmbH
Ferdinand-Jühlke-Straße 7
99095 Erfurt, Deutschland
produktsicherheit@kolibri360.de